Frank Echinger

Aufbereitung von Produktdaten zu einheitlichen Katalogen für eProcurement

GRIN Verlag

Bibliografische Information der Deutschen Nationalbibliothek:

Die Deutsche Bibliothek verzeichnet diese Publikation in der Deutschen National-
bibliografie; detaillierte bibliografische Daten sind im Internet über http://dnb.d-
nb.de/ abrufbar.

Impressum:

Copyright © 2002 GRIN Verlag GmbH
Druck und Bindung: Books on Demand GmbH, Norderstedt Germany
ISBN: 978-3-638-77743-8

Dieses Buch bei GRIN:

http://www.grin.com/de/e-book/11144/aufbereitung-von-produktdaten-zu-einheit-
lichen-katalogen-fuer-eprocurement

GRIN - Your knowledge has value

Der GRIN Verlag publiziert seit 1998 wissenschaftliche Arbeiten von Studenten, Hochschullehrern und anderen Akademikern als eBook und gedrucktes Buch. Die Verlagswebsite www.grin.com ist die ideale Plattform zur Veröffentlichung von Hausarbeiten, Abschlussarbeiten, wissenschaftlichen Aufsätzen, Dissertationen und Fachbüchern.

Besuchen Sie uns im Internet:

http://www.grin.com/

http://www.facebook.com/grincom

http://www.twitter.com/grin_com

Aufbereitung von Produktdaten zu einheitlichen Katalogen für eProcurement

von

Frank Echinger

Hauptseminar:	Informationsverarbeitung in Unternehmen SS 2002 zum
Thema:	Aufbereitung von Produktdaten zu einheitlichen Katalogen für eProcurement
Nummer des Themas:	2
von:	Frank Echinger aus Mödling

Inhalt

1 Ziele des Katalogdatenmanagement

Das Katalogdatenmanagement (KDM) umfasst die Erstellung und Pflege von elektronischen Produktkatalogen. Ziel des KDM ist es, Produktdaten zu einheitlichen Katalogen aufzubereiten, so dass Einkäufer deren Inhalte effektiv durchsuchen, verstehen und für Bestellungen verwenden können [HENT01, S. 26]. Die Kataloge sollen dabei so strukturiert werden, dass die Integration und Distribution unterschiedlicher Daten soweit wie möglich automatisiert werden kann. Problem dabei ist, dass die Produktdaten der Anbieter in unterschiedlichen Quellen, Formaten sowie Klassifikationen vorliegen und die aufbereiteten Kataloge an Nutzer mit unterschiedlichen Informationsbedürfnissen und Konditionen distribuiert werden müssen. Im folgenden werden die Grundlagen des KDM in Bezug auf die Erstellung eines Mehrlieferantenkataloges (MLK) für eProcurement erläutert. Dabei werden zuerst die wichtigsten Begriffe und Definitionen hinsichtlich MLKs, der Katalogdaten und des Katalogdatenmanagements erklärt. Weiterhin werden die Aufgaben und Vorgänge bei der Integration und Distribution der Produktdaten behandelt. Abschließend erfolgt eine Bewertung der vorgestellten Methoden sowie ein Ausblick auf deren Entwicklung.

2 Daten in Mehrlieferantenkatalogen

Unternehmen haben in der Regel eine Vielzahl von Lieferanten. Ein Mehrlieferantenkatalog aggregiert das Produkt- und Dienstleistungsangebot mehrerer Lieferanten in einem Katalog [KPMG01, S. 139]. Diese konsolidierte Form hat den Vorteil, dass beschaffende Unternehmen die Angebote mehrerer Lieferanten in einem Katalog suchen und vergleichen können. Im Gegensatz dazu wird in einem nicht konsolidierten Katalog nur das Angebot eines Lieferanten abgebildet. Der Nachteil bei dieser Form besteht darin, dass sich der Suchbereich lediglich auf ein Angebot beschränkt und eine vergleichende Suche dadurch erschwert wird [HENT01, S. 58]. Allgemein können Kataloge anhand Ihrer Betreiber klassifiziert werden. Bei einer Buy-Side-Solution wird der Katalog von einem beschaffenden Unternehmen initiiert, bei einer Sell-Side-Solution von einem Lieferanten, und bei offenen Marktplatzlösungen von einem Intermediär auf einer unabhängigen Plattform. Während konsolidierte Kataloge meist für Buy-Side-Solutions und offene Marktplatzlösungen verwendet werden, kommen nicht konsolidierte Kataloge bei Sell-Side-Solutions zum Einsatz [WIRT01, S. 1334].

2.1 Szenario der Arbeit

Als Szenario für diese Arbeit wird die Aufbereitung von Produktdaten zu einem MLK durch einen Content-Provider gewählt. Dies ist ein Dienstleistungsunternehmen, welches sich auf Katalogerstellung und -pflege spezialisiert hat [HENT01, S. 59]. Der Katalog soll für mehrere Unternehmen auf einem offenen, horizontalen Marktplatz für eProcurement-Aktivitäten zur Verfügung stehen. Auf horizontalen Marktplätzen werden branchenübergreifende Güter und Dienstleistungen angeboten während auf vertikalen Marktplätzen branchenspezifische Leistungen gehandelt werden. Abbildung 1 zeigt, dass die Produktdaten in diesem Szenario nicht nur aus unterschiedlichen Quellen integriert, sondern auch an verschiedene Empfänger distribuiert werden müssen. Die Anforderungen an das KDM sind hier besonders hoch.

Abbildung 1: Aufgaben des Content-Providers

2.2 Katalogdaten und Produktdaten

Alle Daten die für die Erstellung von elektronischen Produktkatalogen benötigt werden, können in dokumentorientierte und produktbezogene Datenbereiche eingeteilt werden [DORL02, S. 369]. Die dokumentorientierten Daten (Katalogdaten) beschreiben und spezifizieren den Aufbau des Kataloges, während die produktbezogenen Daten (Produktdaten) Informationen über das Produkt enthalten. Tabelle 1 zeigt die zu den Datenbereichen zugehörigen Daten, deren Aufgaben und entsprechende Beispiele.

Tabelle 1: Einteilung in Katalog- und Produktdaten (in Anlehnung an [DORL01, S. 1528-1530])

Daten	Aufgabe	Beispiel

Katalogdaten	Katalog-Metadaten	Identifizierung und Beschreibung des Katalogs	Angaben zu Kataloghersteller- und Empfänger, Gültigkeitszeitraum, Währung und Preise
	Strukturierungsdaten	Einteilung des Produktspektrums in Teilsortimente	Kataloggruppensysteme, Produkt Klassifizierungssysteme
Produktdaten	Produktdaten	Identifizierung und Beschreibung des Produktes	Identifikator, Artikelbezeichnung, Preis, Merkmale, Beschreibungstexte, Bestellinformationen
	Produktbeziehungsdaten	Darstellung von semantischen Referenzbeziehungen zwischen Produkten	Referenzen auf Datenebene zu Ersatzteilen, Zubehörteilen Komponenten und Varianten
	Multimediadaten	Darstellung und Erklärung von Produkten	Bilddateien, Flash- Animationen, Audiodateien, Präsentationen

2.2.1 Verschiedene Datentypen

Katalog- und Produktdaten umfassen strukturierte, semi-strukturierte und unstrukturierte Daten. Bei Datenelementen aus relationalen Datenbanken handelt es sich um strukturierte Daten, wie beispielsweise Preis und Artikelnummer eines Produktes. Unter semi-strukturierten Daten fallen z. B. Multimediadaten wie Bilddateien, da Metainformationen und Dateiobjekte zwar verwaltet werden, die Semantik des Objektes aber nicht darstellbar ist. Unstrukturierte Daten sind z. B. Produktbeschreibungstexte, da sie zwar als eine Zeichenkette vorliegen aber die Semantik nicht modelliert wird [DORL02, S. 371].

2.2.2 Verschiedene Datenquellen

Die Daten für einen MLK sind in mehreren unterschiedlichen Informationssystemen enthalten, und stammen somit aus verschiedenen Quellen. Dies können Datenbanken der Produkthersteller sein, in denen die Angaben zu den Produkteigenschaften liegen, Warenwirtschaftssysteme, die Angaben zu Preis und Verfügbarkeit der Produkte enthalten, File-Server auf denen Multimediadaten abgelegt sind oder Web-Server von unabhängigen Organisationen, die Qualitätsurteile und Testergebnisse zu den Produkten bereitstellen [TOMC01, S. 2]. Abbildung 2 stellt die Integration der unterschiedlichen Daten zu einem MLK dar.

Abbildung 2: Integration verschiedener Datentypen aus mehreren Datenquellen zu einem MLK

2.3 Aufgaben des Katalogdatenmanagements

Die Aufgaben des KDM lassen sich unterteilen in strategische und operative Tätigkeiten. Zu den strategischen Aufgaben gehört die Auswahl geeigneter Katalogformate, Strukturierungssysteme und Softwareprodukte, um eine leistungsfähige Informationssystem-Infrastruktur zu schaffen. Die operativen Aufgaben beziehen sich auf Verwaltung bzw. Import, Bearbeitung und Export der Katalog- und Produktdaten. Beim Import und Export findet das Data-Mapping statt, ein Datenmanagement-Konzept, mit dem Datenelemente eines Quellformates den Datenelementen eines Zielformates zugeordnet werden. Damit werden Daten eines Formates in ein anderes überführt. Durch das Content-Mapping werden die Katalogdaten auf inhaltlicher E-bene zueinander in Beziehung gesetzt und semantisch strukturiert. Dazu gehört beispielsweise die Zuordnung von Produkten zu Kataloggruppen oder Klassifikationsgruppen [DORL02, S. 373-376].

3 Integration der Produktdaten zu Katalogen

Ziel der Integration ist es, aus den unterschiedlichen Daten einen Katalog zu erstellen, der die Vergleichbarkeit aller Angebote ermöglicht, die hierarchische-, attributbasierte- und Volltextsuche unterstützt sowie Automatisierungsprozesse durch hohe Datenstrukturierung gewährleistet.

Mit der Auswahl von Katalogsoftware, Datenformat und Klassifikationsstruktur wird ein Gerüst für den Katalog geschaffen. Die Aufbereitung der Produktdaten erfolgt entsprechend den Vorgaben des gewählten Datenformates und der Klassifikationsstruktur, so dass sie anschließend das Gerüst mit Inhalt füllen können [HENT01, S. 86].

3.1 Auswahl einer Katalogsoftware

Die Katalogsoftware ist eine Datenbankverwaltungssoftware, die für die Speicherung und Darstellung der Produktinformationen benötigt wird. Sie sollte alle Suchfunktionen unterstützen sowie über eine Administrationsumgebung verfügen, mit der mehrere Benutzer und Katalogsichten verwaltet werden können. Zusätzlich werden Funktionen zur Klassifizierungsentwicklung und Aufbereitung von Daten für den Datenaustausch benötigt, um die Erstellung und Pflege des Kataloges zu unterstützten. Bekannte Anbieter von Katalogsoftware sind u.a. jCatalog, Wallmedien und Poet [PRICE02, S. 23].

3.2 Auswahl eines Formates

Im Business-to-Business Bereich zeichnet sich der Einsatz eines MLK dadurch aus, das die Katalogdaten zwischen mehreren Informationssystemen ausgetauscht werden, indem der Katalog als elektronisches Dokument an den Nutzer übertragen wird und dieser ihn in ein Zielsystem übernimmt. Die Formate dieser Dokumente können ASCII- oder XML-Dateien, Excel-Tabellen oder Access-Datenbanken sein, wobei sie nur als Container für den Transport von Datenelementen dienen [DORL01, S. 1528]. Durch die Verwendung vieler unterschiedlicher Katalogdatenformate wird die Erstellung einer konsolidierten Form erschwert, da die Informationssysteme die verschiedenen Formate bei der Übertragung nicht interpretieren können. Austausch und Integration der Daten können somit nicht automatisiert werden. Daher benötigt man Katalogstandards für den Austausch von elektronischen Produktdaten, welche Semantik und Syntax der Dokumente einheitlich definieren. Dadurch wird die Übernahme der Daten in ein Zielsystem gleichen Standards automatisierbar und somit wirtschaftlich effizienter.

Die meisten der heute existierenden Katalogstandards wie z. B. BMEcat, XML oder xCBL basieren auf XML (eXtensible Markup Language), da diese Sprache system- und herstellerunabhängig sowie sehr flexibel in der Erstellung und Verwaltung von elektronischen Dokumenten ist. XML trennt die Dokumentinformation vom Layout und besitzt daher kein fest vorgeschriebenes Format, so dass es der Nutzer seinen Bedürfnissen anpassen kann und somit XML- Dialekte entstehen. Die oben aufgeführten Katalogstandards sind XML- Dialekte und werden von unabhängigen Konsortien oder einzelnen Firmen entwickelt [HENT01, S. 71].

Bei der Erstellung eines MLK gemäß dem gewählten Szenario sollte die Auswahl eines Katalogstandards in Absprache mit den beteiligten Unternehmen erfolgen, um eine Win-Win Beziehung zu erreichen. Auswahlkriterien sind die typischen Beschreibungsmerkmale eines Katalogdatenaustauschformates und deren für das Szenario notwendigen Ausprägungen, welche in Tabelle 2 aufgeführt werden.

Tabelle 2: Beschreibungsmerkmale und notwendige Ausprägungen eines Katalogdatenaustauschformates (in Anlehnung an [BECK01, S. 357])

Beschreibungsmerkmale	Notwendige Ausprägung
Eignung für Electronic Business	Datenformat auf Basis von XML
	Unterstützung von Multipurpose Internet Mail Extension (MIME)
	Unterstützung von ERP-Schnittstellen
	Flexible Erstellung
Kompatibilität zu Klassifizierungsstandard	Übertragung des Klassifizierungssystems
	Übertragung eines Klassenzeigers mit jedem Artikel
Komplexität der Datentypen	Übertragung von Einzel-, Enumerations- und Intervallwerten
Aktualisierungsfähigkeit	Möglichkeit der Übertragung einzelner Updates
Internationale Anwendbarkeit	Unterstützung mehrerer Sprachen
	Unterstützung mehrerer Währungen
	Unterstützung mehrerer Layouts

3.3 Auswahl einer Produktklassifikation

Die Produktdaten der Lieferanten liegen meist in unterschiedlichen Bezeichnungen und Klassifikationen vor. Ziel der Produktklassifikation auf einem MLK ist es, die Produkte und Dienstleistungen unterschiedlicher Lieferanten einheitlich zu definieren und in Produktgruppen zu kategorisieren, so dass gleiche Produkte unter der gleichen Bezeichnung am selben Ort im Katalog aufgeführt werden. Dadurch wird eine effiziente Suche und Vergleichbarkeit der Leistungen für den Nutzer gewährleistet [HENT01, S. 79]. Dazu muss die Klassifikation über eine einheitliche Klassenstruktur zur Systematisierung sowie über ein einheitliches Merkmalsystem zur Beschreibung der Artikel verfügen [BECK01, S. 352].

Um das Content-Mapping der Produkte und deren Merkmalsattribute aus dem Klassifizierungssystem des Lieferanten auf das des MLK zu vereinfachen, wurden standardisierte Klassifizierungssysteme entwickelt. Zu den branchenübergreifenden Standards zählen z. B. eClass sowie UN/SPSC, zu den branchenspezifischen u. a.

ETIM. Diese Klassifizierungssysteme werden meist von unabhängigen Instituten in Zusammenarbeit mit Unternehmen oder Branchenverbänden entwickelt.

Aufgabe des KDM ist es, einen den Anforderungen des Szenarios entsprechenden Klassifikationsstandard auszuwählen, wobei auch hier eine Absprache mit allen beteiligten Unternehmen notwendig ist. Bei der Auswahl zu beachten sind die in Tabelle 3 angegebenen Beschreibungsmerkmale eines Klassifizierungssystems, deren notwendige Ausprägungen hinsichtlich des Szenarios und die generellen Anforderungen an eine Klassifizierung.

Tabelle 3: Generelle Anforderungen an Klassifizierungssysteme, Beschreibungsmerkmale und notwendige Ausprägungen (in Anlehnung an [BECK01, S. 352-356])

Generelle Anforderungen	Beschreibungsmerkmale	Notwendige Ausprägung
• Integration von Daten verschiedener Lieferanten • Lieferantenübergreifende Suche • Feine Klassifizierung, um genaue Suche zu ermöglichen • Geringe Komplexität der Klassifikationsstruktur • Aufwärtskompatibilität • Übertragbarkeit des Klassifizierungsmodells innerhalb eines Katalogformatstandards	Anzahl der Hierarchieebenen	Hoch, um Produktklassen branchenübergreifend eindeutig beschreiben zu können
	Vollständigkeit der Merkmale	Hoch, um Produkte branchenübergreifend eindeutig beschreiben zu können
	Branchenabhängigkeit	Gering, um branchenspezifische Klassifikationen zu vermeiden
	Geographische Anwendbarkeit	Hoch, um international anwendbaren Katalog zu erstellen
	Funktionale Anwendbarkeit	Gering, da Katalog nur für eProcurement verwendet wird

3.4 Aufbereitung der Daten

Die Produktdaten müssen so aufbereitet werden, dass sie in das gewählte Katalogformat sowie in die gewählte Klassifikation übernommen werden können. Da sie von unterschiedlichen Lieferanten stammen, weisen sie oft Qualitätsunterschiede auf. Um die Daten zu vereinheitlichen, müssen sie rationalisiert und normalisiert werden.

Übermittelt ein Lieferant seine Produktdaten in einem anderen als dem für den MLK gewählten Format, ist es möglich, dass einige Datenfelder des Kataloges nicht gefüllt werden können [HENT01, S. 86]. Die Datenfelder eines Produktdatensatzes beschreiben die wesentlichen Eigenschaften eines Produktes wie z. B. Bezeichnung, Farbe und Größe. Eine Rationalisierung dieser Daten bedeutet, dass jedes Datenfeld, welches in dem gewählten Katalogformat ein Produkt eindeutig beschreibt, mit Inhalt gefüllt wird [DOLM00, S. 167].

Die Vergleichbarkeit der Inhalte in den Datenfeldern wird oft dadurch verschlechtert, dass Lieferanten unterschiedliche Abkürzungen, Maßeinheiten oder Schreibweisen für Produkteigenschaften verwenden. Ziel der Normalisierung ist es, eine Vergleichbarkeit von Produktdatensätzen auf Attributsebene zu ermöglichen, d. h. die Einträge in den einzelnen Datenfeldern vergleichbar zu machen [DOLM00, S. 167]. Dabei sollte auf standardisierte Bezeichnungen aus Industrienormen zurückgegriffen werden. Abbildung 3 zeigt drei Datensätze, die das gleiche Produkt unterschiedlich beschreiben und wie sie normalisiert werden können.

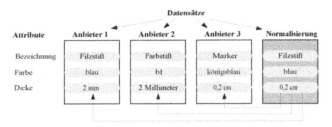

Abbildung 3: Normalisierung von produktbeschreibenden Datensätzen [DOLM01, S. 168]

Die Durchführung der Normalisierung sollte weitgehend automatisierbar sein. Dafür existieren bereits einige Softwarelösungen, eine manuelle Nachbearbeitung bleibt aber oft nicht aus.

Die Gesamtheit aller rationalisierten und normalisierten Daten aus einem elektronischen Produktkatalog wird als transaktiver Content bezeichnet [HENT01, S. 88].

4 Distribution der Daten an Katalognutzer

Jedes beschaffende Unternehmen greift auf einen für seine Bedürfnisse individuell eingestellten MLK zu, in dem es sich auf dem Marktplatz mit einer Benutzerkennung einloggt [HENT01, S. 93].

Die zwischen den unternehmensindividuellen Katalogen bestehenden Unterschiede basieren zum einen auf unterschiedlichen Informationsbedürfnissen, was sich z. B. in zusätzlichen Produktattributen oder unterschiedlichen Bezeichnungen wiederspiegelt. Zum anderen sind die Produkte mit den zwischen Lieferant und Unternehmen individuell verhandelten Preisen ausgewiesen, welche nur dem jeweiligen Unternehmen zugänglich gemacht werden dürfen. Weiterhin ist es möglich, dass seitens der beschaffenden Firmen unterschiedliche Katalogdatenformate und Klassifizierungssysteme benutzt werden.

Die komplexe Aufgabe, diese Daten zu verwalten, wird zusätzlich erschwert durch häufige Updates die z. B. nur den Preis betreffen. Um den Datentransfer dabei gering zu halten und am Bedarf zu orientieren, muss der Content-Provider Standard-Produktdatensätze, Preis- und Verfügbarkeitsinformationen sowie Multimediadaten in getrennten Tabellen verwalten. In der Tabelle „Preise" pflegt er z. B. für jedes Produkt eines Anbieters mehrere Preise, von denen jeder einzelne eine bilaterale Vereinbarung zwischen Anbieter und Unternehmen darstellt. Vorteil bei dieser Methode ist, das sich bei einer Preisänderung ein Update nur auf ein Datenfeld einer Tabelle bezieht [DOLM00, S. 169]. Abbildung 4 stellt dieses Konzept dar.

Abbildung 4: Updates bei unternehmensindividuellen Katalogen [DOLM01, S. 169]

Die Vorgänge des Datenaustausches und der Klassifizierung bei der Distribution entsprechen denen der Integration.

5 Realität und Ausblick

Standardisierte Katalogformate und Klassifizierungen sowie transaktiver Content sollen zum einen die Aufgaben des KDM wirtschaftlich effizient gestalten und zum anderen qualitativ hochwertige Produktkataloge für eProcurement schaffen. Beide Punkte sind kritische Faktoren für den Erfolg eines Marktplatzes und hängen stark voneinander ab. In der Realität werden zwar schon Standardisierungen verwendet, die erforderlichen Prozesse zur Katalogerstellung erfolgen aber noch häufig manuell oder nur teilautomatisiert [DORL02, S. 377]. Grund dafür ist die Verwendung unterschiedlicher und noch nicht ausgereifter Katalogformate und Klassifizierungssysteme sowie Katalogsoftware, die nicht in der Lage ist, Daten automatisch von einem Standard in einen anderen zu übernehmen. Somit gehen Wirtschaftlichkeit und Qualität verloren.

Die zukünftige Entwicklung könnte so aussehen, dass durch die konsequente Anwendung dieser Methoden in der Praxis deren Defizite kontinuierlich verringert werden und neue Funktionen für Verbesserungen sorgen. Dabei ist die Zusammenarbeit zwischen allen beteiligten Unternehmen, Konsortien und Verbänden von hoher Bedeutung.

Literaturverzeichnis

[BECK01]   Otto, B.; Beckmann, H.: Klassifizierung und Austausch von Produkt-
             daten auf elektronischen Marktplätzen. In: Wirtschaftsinformatik 43
             (2001), S. 351-362.

[DOLM00]   Dolmetsch, R.: eProcurement. Addison-Wesley Verlag, München
             2001.

[DORL01]   Dorloff, F.: Standards für den Austausch von elektronischen Produkt-
             katalogen. In: WISU 11 (2001), S. 1528-1535.

[DORL02]   Dorloff, F.: Betriebliches Katalogdatenmanagement. In: WISU 03
             (2002), S. 369-377.

[HENT01]   Hentrich, J.: B2B Katalogdaten-Management. Galileo Press, Bonn
             2001.

[KPMG01]   ohne Verfasser: KPMG (Hrsg.): Jahrbuch der Beschaffung 2001. Ver-
             lag für Wirtschaftskommunikation, Berlin 2001.

[PRICE02]   ohne Verfasser: PricewaterhouseCoopers (Hrsg.): Wegweiser Kata-
             logmanagement. In: www.pwcconsulting.de, Erstellungsdatum vom
             02.05.2002.

[TOMZ01]   Tomczyk, P.: Ein Ansatz zur Integration von Produktdaten auf elekt-
             ronischen Marktplätzen. In: http/www.fzi.de, Erstellungsdatum vom
             19.06.2001.

[WIRT01]   Wirtz, B.; Mathieu, A.: B2B Marktplätze- Erscheinungsformen und
             ökonomische Vorteile. In: WISU 10 (2001), S. 1332-1342.